Le défi Bélier

Canalisez otre énergie tout en culti ant patience et empathie.

MOTS-CLÉS: initier; vaincre la peur; combattre.

Le Bélier, premier signe du zodiaque et symbole du printemps, est dirigé par Mars, le dieu de la guerre. Ce signe est caractérisé par des traits tels que l'audace, l'énergie et la détermination.
Sous l'influence de Mars, le Bélier incarne l'enthousiasme et l'impulsivité, toujours prêt à relever de nouveaux défis. Les Béliers, en tant que leaders naturels, aiment lancer des projets et possèdent une volonté forte. Cependant, ils peuvent parfois faire preuve d'impatience et de compétitivité, ayant du mal à saisir les points de vue des autres. En résumé, le Bélier est un signe dynamique, passionné et résolument conquérant.
En dépit de leur tendance à l'impulsivité, leur sincérité et leur passion authentique en font des amis et des partenaires loyaux.

Qualités Bélier : Actif, affirmatif, volontaire, audacieux, énergique, courageux, leader...
Défauts Bélier : Colérique, agressif, impulsif, caractériel, égoïste, intolérant, provocateur...

Femmes Bélier

- **Céline Dion :** Interprète de renommée mondiale, elle incarne la passion et l'émotion dans sa musique.
- **Kourtney Kardashian :** Femme d'affaires et figure médiatique, elle affiche une forte personnalité et son indépendance.
- **Sarah Jessica Parker :** Actrice iconique, elle est connue pour son style unique et son esprit entrepreneurial.
- **Emma Watson :** Actrice engagée et activiste, elle se bat pour les droits des femmes et l'égalité.
- **Zazie :** Chanteuse et auteur-compositeur, elle se démarque par sa créativité et son authenticité.
- **Aretha Franklin :** Légende de la musique, elle a été une voix puissante pour les droits civiques.
- **Kristen Stewart :** Actrice reconnue pour son approche non conventionnelle et son authenticité.
- **Jennifer Garner :** Actrice américaine charismatique, engagée dans des causes philanthropiques.

Ces femmes partagent des traits bélier comme le leadership et une forte personnalité, tout en ayant marqué leur domaine respectif par leur talent et leur influence.

Signes astrologiques
Cycle égétal

La relation entre le cycle végétal et l'astrologie met en lumière comment chaque phase de croissance des plantes reflète une énergie ou une caractéristique liée à un signe astrologique.

Printemps
20 mars / 20 juin

Bélier - La graine : (mars - avril)

Le Bélier représente le commencement, l'initiative et l'énergie brute. Cela reflète bien le moment où la graine est plantée, symbolisant le début d'un nouveau cycle.

Taureau - La terre : (avril - mai)

Le Taureau est associé à la stabilité, à la matérialité et à la fertilité. C'est ici que la graine prend racine, bénéficiant des ressources de la terre pour nourrir sa croissance.

Gémeaux - La pousse : (mai - juin)

Les Gémeaux symbolisent la communication et la curiosité. La petite pousse qui émerge de la terre est encore fragile, mais elle commence à explorer son environnement, cherchant la lumière et les nutriments.

Été
21 juin / 22 septembre

Cancer - Les racines : (juin - juillet)
Le Cancer est lié à la protection et aux fondations. Les racines représentent la sécurité et la capacité de prendre des nutriments, essentielles à la santé de la plante.

Lion - La croissance : (juillet - août)
Le Lion incarne la vitalité et la créativité. Cela représente la période où la plante grandit, affichant sa beauté et sa force, et se préparant à fleurir.

Vierge - L'adaptation et la perfection : (aout - septembre)
La Vierge est associée à l'analyse, à la perfection et au service. La plante doit s’adapter à son environnement, en s’assurant qu'elle est compétitive et efficace.

Automne
23 septembre/20 décembre

Balance - La fleur : (septembre - octobre)

La Balance est liée à l'harmonie et aux relations. La fleur représente l'équilibre et l'attraction, une période de beauté et d'interaction, essentielle pour la pollinisation.

Scorpion - La fécondation : (octobre - novembre)

Scorpion symbolise la transformation et l'intensité. Une fois fécondée, la fleur commence un processus de transformation crucial pour la création du fruit.

Sagittaire - Le fruit en gestation : (novembre - dédembre)

Sagittaire est associé à l'expansion et au mouvement. Cela reflète le développement du fruit, qui commence à mûrir et à prendre forme, représentant l'aspiration à l'accomplissement.

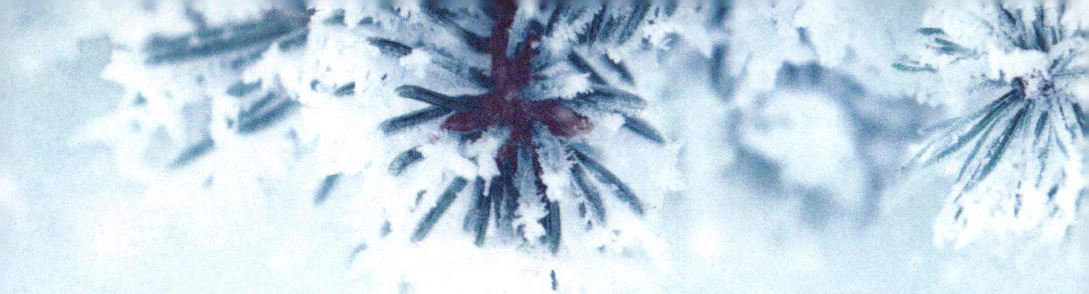

Hi er
21 décembre / 19 mars

Capricorne - Maturation et noyau :
(décembre - janvier)

Le Capricorne représente la structure et la discipline. C'est le moment où le noyau se forme, indiquant une maturation sérieuse et responsable de ce que la plante a produit.

Verseau - Détachement et chute :
(janvier - février)

Le Verseau symbolise la liberté et le changement. Le fruit, une fois mûr, se détache et tombe au sol, libérant ses graines pour le prochain cycle.

Poissons - Désagrégation et nouveau départ :
(février - mars)

Les Poissons sont liés à l'inconscient et à la spiritualité. La désagrégation du fruit permet aux graines de se répandre, initiant un nouveau cycle et permettant la continuité de la vie.

Votre Ascendant

Votre signe ascendant est est le signe du zodiaque qui se levait à l'est au moment de votre naissance.

Il occupe une place essentielle dans le thème natal et impacte divers aspects de la personnalité et de l'apparence d'une personne.

L'ascendant est souvent vu comme un "masque social" que l'on montre au monde, c'est la manière dont les autres nous voient.
Notre signe ascendant influence notre attitude, notre comportement et les premières impressions que l'on donne.

Le signe solaire révèle l'essence intérieure, tandis que l'ascendant montre comment cette essence se manifeste dans le monde.

Femme Bélier ascendant :

Bélier : Dynamique, audacieuse, avec une forte personnalité indépendante. Sa détermination et son énergie lui permettent de relever les défis avec passion et franchise.

Taureau : Pratique et déterminée, elle associe passion à une approche réaliste, aimant le confort et la sécurité.

Gémeaux : Communicative et sociable, elle combine l'énergie du Bélier à l'intellect curieux des Gémeaux, adorant explorer des idées nouvelles.

Cancer : Émotionnelle et protectrice, elle conjugue l'ardeur du Bélier avec la sensibilité du Cancer, valorisant la famille et les relations personnelles.

Lion : Charismatique et pleine d'assurance, elle dégage une forte présence et un désir d'être au centre de l'attention, avec une créativité débordante.

Vierge : Pratique et analytique, elle marie l'enthousiasme du Bélier à l'approche méthodique de la Vierge, visant constamment l'amélioration et l'organisation.

Balance : Sociable et charmante, elle recherche l'harmonie tout en exprimant son indépendance et son esprit combatif.

Scorpion : Intense et passionnée, elle a un fort désir d'affronter les défis et une profonde capacité à ressentir les émotions.

Sagittaire : Aventurière et optimiste, elle aime explorer de nouvelles idées et expériences avec enthousiasme.

Capricorne : Ambitieuse et pragmatique, elle mêle la détermination Bélier à une approche réaliste pour atteindre ses objectifs.

Verseau : Innovante et indépendante, elle apporte des idées nouvelles tout en faisant preuve d'une originalité marquée.

Poissons : Sensible et imaginative, elle combine l'énergie Bélier avec une intuition profonde et une créativité riche.

Chaque combinaison offre une nuance unique à la personnalité Bélier, enrichissant les traits de caractère de base.

Votre Lune

- Symbolisme : **Représente la mère et la perception subjective de l'enfant.**
- Chez les hommes : **S'exprime à travers des émotions et des états d'âme.**
- Chez les femmes : **Souvent très visible, elle révèle leur féminité et la dynamique de leur relation avec leur mère.**

La position de la Lune dans notre thème astral influence notre manière de ressentir des émotions, de créer des liens, et de réagir à notre environnement, apportant une dimension importante à notre perception de nous-mêmes et de nos relations avec autrui.

Il est tout à fait possible de ne pas se reconnaître pleinement dans la description de son signe du zodiaque si la position de la Lune se trouve dans un signe qui s'oppose ou contraste fortement avec celui du Soleil.
Voici quelques clarifications sur ce sujet :

Votre signe lunaire

Les personnes avec la Lune en signe de Feu
sont généralement émotionnellement expressives et spontanées. Elles ont tendance à être optimistes, énergiques et à rechercher l'aventure.
Leur besoin de liberté et de stimulation peut les amener à être parfois impatientes.

- **Énergie :** Passion, enthousiasme, impulsivité.
- **(Bélier, Lion, Sagittaire)**

Les personnes avec la Lune en signe de Terre
sont généralement stables et pragmatiques.
Ils sont en quête de sécurité émotionnelle et de stabilité, ce qui les rend prudents dans leurs interactions.
Leur sensibilité se manifeste à travers des besoins matériels ou des routines auxquelles ils sont attachés.

- **Énergie :** Stabilité, praticité, sens des réalités.
- **(Taureau, Vierge, Capricorne)**

Les individus ayant la Lune dans un signe d'air sont généralement sociables, communicatifs et ouverts d'esprit. Ils apprécient les interactions et la stimulation intellectuelle.
Leur manière d'exprimer leurs émotions se traduit souvent par la parole et l'analyse.

- **Énergie :** Intellect, communication, curiosité.
- **(Gémeaux, Balance, Verseau)**

Les individus ayant la Lune dans un signe d'eau se distinguent par une profondeur émotionnelle remarquable et une intuition aiguë. Ils ressentent leurs émotions de manière intense et font preuve d'une grande empathie.
Leur monde intérieur est riche et complexe, mais il leur arrive parfois de se sentir submergés par leurs sentiments.

- **Énergie :** Émotion, intuition, sensibilité.
- **(Cancer, Scorpion, Poissons)**

Votre signe solaire =
Votre moi.
Votre signe Ascendant =
Votre masque social.
Votre signe Lunaire =
Votre enfant interieur.

Les phases lunaires

NOUVELLE LUNE

- Débuter
- Intention
- Planification

LUNE CROISSANTE

- Construire
- Initier
- Croître

PREMIER QUARTIER

- Agir
- Prendre des décisions
- Affirmation

LUNE GIBBEUSE CROISSANTE

- Intensifier
- Développer
- Exploiter

PLEINE LUNE

- Célébrer,
- Récolter,
- Plénitude.

LUNE GIBBEUSE DÉCROISSANTE

- Réaliser,
- Laisser aller,
- Évaluer.

DERNIER QUARTIER

- Renoncer
- reculer
- clarifier.

LUNE DÉCROISSANTE

- Se défaire
- purifier
- préparer

Semez et Récoltez

La nouvelle Lune se produit lorsque la Lune s'aligne parfaitement avec le Soleil, marquant ainsi le jour zéro du cycle lunaire.
Cela signifie que toute évolution débute à ce moment.
On plante la graine d'un souhait lors de la nouvelle Lune, c'est-à-dire que l'on pose une intention, et **on récolte lors de la pleine Lune** en exprimant notre gratitude, même si le souhait ne s'est pas encore réalisé.
Les racines de notre désir sont probablement en train de se développer sous la surface, donc elles ne sont pas encore visibles.
C'est pourquoi il est essentiel de manifester de la gratitude pour ce qui est en cours d'élaboration dans l'ombre.

Poser une intention en phase de nouvelle Lune :
Visualisez vos désirs comme s'ils étaient déjà en train de se manifester, en ressentant l'émotion associée à leur réalisation.

Nourrir la gratitude en phase de pleine Lune :
À la pleine lune, consacrez du temps à reconnaître et célébrer les progrès que vous avez réalisés depuis la nouvelle Lune.

Agissez de manière à ce que votre désir ne passe pas inaperçu aux yeux de l'univers !
Pour capter son attention, résonnez en harmonie avec lui.

Les étapes à respecter

Formuler des vœux puissants nécessite clarté et intention. Voici quelques étapes pour vous aider à créer des vœux efficaces:

Soyez clair et précise :
Identifiez exactement ce que vous souhaitez. Plus votre vœu est détaillé, plus il a de force.

Employez des affirmations positives :
Exprimez votre vœu de manière affirmative, en vous concentrant sur ce que vous souhaitez attirer plutôt que sur ce que vous souhaitez éviter.

Visualisez votre vœu :
Consacrez du temps à imaginer votre vœu comme s'il était déjà réalisé. Ressentez les émotions liées à sa concrétisation.

Écrivez votre vœu :
Mettre votre vœu par écrit renforce votre engagement et clarifier vos intentions.

Faite preuve de gratitude :
Exprimez de la gratitude pour ce que vous souhaitez, même avant que le vœu ne se réalise. Cela peut attirer des énergies positives.

Agissez en conséquence :
Alignez votre comportement avec votre vœu.
Cela montre votre engagement à le réaliser.

Restez ouverte aux opportunités :
Parfois, les résultats peuvent venir de façons inattendues. Restez ouverte aux différentes manières dont votre vœu pourrait se réaliser.

En suivant ces étapes, vous renforcez votre pouvoir de manifestation et créez des vœux qui résonnent profondément avec vos désirs.

Exemple de Vœu de Nouvelle Lune :
Vœu nouvelle Lune Taureau :
« Je choisis d'attirer l'abondance financière dans ma vie. Je m'ouvre à de nouvelles opportunités qui me permettent de prospérer et de m'épanouir. Je visualise chaque jour des ressources affluant vers moi, me permettant de réaliser mes objectifs et de soutenir mes projets.
Je suis reconnaissante pour chaque petite victoire et pour tout ce que la vie m'apporte, en sachant que je mérite de vivre dans l'abondance. »

En posant ce vœu, imaginez-vous en train de recevoir ce soutien financier et ressentez la gratitude pour les opportunités à venir.

Astuce : Considérez le signe

Tenez compte des caractéristiques du signe zodiacal où se trouve la Lune.

Chaque mois, la Lune apparait dans un signe différent. Elle traverse les douze signes du zodiaque chaque année, ce qui signifie que les énergies changent à chaque nouvelle et pleine Lune.

Nouvelle Lune (NL)
Pleine Lune (PL).

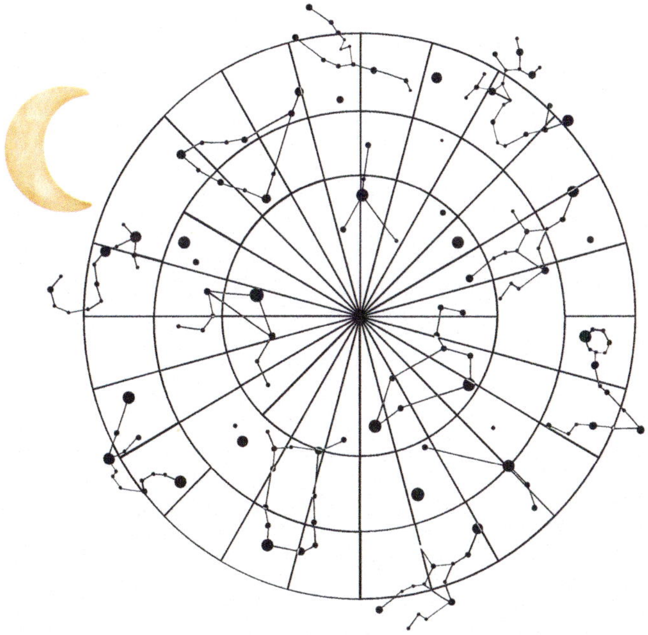

Par exemple : le signe du Bélier est idéal lorsque vous avez un projet à démarrer

Cela correspond à l'analogie vu précédemment de la graine plantée au sol.
C'est un moment pour débuter quelque chose.

Lors de la NL en Bélier, (fin mars / avril)
posez l'intention d'explorer, surmonter, avoir le courage de relever un défi...
« Je choisis d'accueillir un nouvel élan créatif dans ma vie. Je me donne la permission d'explorer mes passions et de libérer mon potentiel artistique. Chaque jour, je visualise des idées nouvelles et inspirantes qui affluent vers moi, me remplissant d'énergie et d'enthousiasme. Je suis profondément reconnaissante pour ce processus créatif qui m'enrichit et pour toutes les opportunités qui se présentent à moi. Je mérite de m'épanouir dans la créativité et l'expression de moi-même. »

Lors de la PL en Bélier, (fin septembre/ octobre)
l'analogie à la graine est la même mais plus tournée vers la gratitude.
C'est le moment de remercier l'univers pour ce qui est "en train" de se produire (parfois dans l'ombre).

« Je célèbre l'énergie et la détermination qui m'animent. Je récolte les fruits de mes efforts, affirmant ma confiance en moi et ma capacité à avancer avec courage. Je suis reconnaissante pour chaque étape franchie et ouverte aux nouvelles opportunités qui se présentent à moi. »

Bélier = Démarrer un projet

NL : Posez l'intention d'explorer un nouveau chemin
PL : Gratitude envers la rapidité

Taureau = Consolider ce qui a été entamé

NL: Posez l'intention d'avoir une vie prospère et agréable
PL: Savourer le sentiment d'abondance

Gémeaux = Recevoir l'information idéale au moment opportun

NL: Posez l'intention de saisir les opportunités
PL: Gratitude pour les synchronicités

Cancer = Renforcer les liens familiaux

NL: Posez l'intention d'avoir une vie familiale épanouie
PL: Savourer le sentiment de paix

Lion = Façonner l'existence que nous souhaitons

NL : Posez l'intention d'attirer l'attention et les éloges

PL : Gratitude pour la confiance en soi

Vierge = Prendre soin de soi

NL :Posez l'intention de prendre de nouvelle habitudes

PL : Gratitude pour le lâcher-prise

Balance = Trouver l'harmonie

NL : Posez l'intention de trouver le partenaire idéal

PL : Gratitude pour les relations actuelles

Scorpion = Ressusciter de ce qui a été détruit

NL : Posez l'intention d'un nouveau départ

PL : Gratitude pour la renaissance

Sagittaire = Avoir des connexion avec l'étranger

NL : Posez l'intention de développer, s'ouvrir, avoir un coup de chance !

PL : Gratitude pour l'abondance

Capricorne = Atteindre un objectif important

NL : Posez l'intention de fournir des efforts réguliers

PL : Gratitude pour le sentiment de progression

Verseau = Vivere une vie originale

NL : Posez l'intention révolutionner

PL : Gratitude pour le sentiment de liberté

Poissons = Avoir un grand coeur, plein d'amour et un esprit ouvert

NL : Posez l'intention de faire circuler l'énergie stagnante

PL : Gratitude pour l'invisible

Nouvelle Lune en Bélier

La NL Bélier est un moment propice pour manifester des transformations et changements significatifs.

Thèmes à considérer :

- **Affirmation de Soi :** Profitez de cette période pour articuler vos désirs et revendiquer vos besoins avec confiance.
- **Énergie et Motivation :** Mettez à profit l'énergie du Bélier pour vous inspirer à atteindre vos objectifs en mettant en place des actions concrètes.
- **Indépendance :** Réfléchissez à ce qui vous rend autonome et comment vous pouvez renforcer votre indépendance personnelle.
- **Passion et Inspiration :** Découvrez ce qui vous passionne et recherchez des moyens de l'intégrer davantage dans votre quotidien.
- **Évaluation des Relations :** C'est une occasion propice pour analyser vos relations et vous entourer de personnes qui soutiennent votre vision.
- **Prise de Risques :** N'ayez pas peur de sortir de votre zone de confort et prenez des risques réfléchis pour réaliser vos aspirations.

"En cette nouvelle lune en Bélier, je choisis de manifester de nouveaux débuts avec courage et détermination, d'affirmer mes désirs et de prendre des risques audacieux pour réaliser ma vision. Je m'engage à cultiver ma passion, à renforcer mon indépendance et à m'entourer de personnes qui soutiennent mon élan vers des transformations significatives."

Des pistes de reflexion...

Pour manifester vos intentions , créez un tableau de vision, écrivez des affirmations, méditez , ou effectuez des rituels pour la nouvelle Lune.

- Quelles sont vos aspirations pour ce cycle ?
- De nouveaux départs à envisager ?

- Quelles peurs ou limites devez-vous surmonter ? (Identifiez les obstacles internes).
- Comment faire preuve de courage et de détermination ? (Affrontez les défis avec assurance).

- Quelles étapes concrètes mettre en place pour réaliser vos objectifs ? (Élaborez un plan d'action).

- Comment favoriser la passion et l'enthousiasme ? (Intégrez l'inspiration dans votre quotidien) .
- êtes-vous disposée à prendre des risques ? (Évaluez votre confort face à l'inconnu).

Prendre le temps de réfléchir à ces questions peut vous aider à profiter pleinement de l'énergie dynamique de la nouvelle lune en Bélier et à établir des bases solides pour vos futurs projets.

Pleine Lune en Bélier

La pleine Lune en Bélier favorise la passion, l'affirmation de soi, et à la mise en lumière de nos désirs les plus profonds.

Voici quelques idées à explorer :

- **Entreprendre un nouveau projet :** La pleine Lune en Bélier est idéale pour démarrer quelque chose de nouveau. Que ce soit un projet créatif ou professionnel, commencez à poser les premières pierres.
- **Affirmer ses besoins :** Exprimez clairement ce que vous voulez dans vos relations et votre vie personnelle.
- **Prendre des décisions audacieuses :** faites des choix courageux qui peuvent conduire à des changements positifs dans votre vie.
- **Libérer le passé :** Identifiez les attachements émotionnels ou les habitudes qui vous retiennent et engagez-vous à les laisser derrière vous.
- **Exprimer sa créativité :** Laissez libre cours à votre imagination et à votre créativité, que ce soit à travers l'art, l'écriture ou d'autres formes d'expression.
- **Se reconnecter à la passion :** Identifiez ce qui vous passionne vraiment et recherchez des moyens de réintroduire ces éléments dans votre vie quotidienne.

La pleine Lune en Bélier favorise l'action, la libération des éléments superflus et l'expression de votre essence. C'est le moment de faire des choix confiants et d'affirmer votre individualité.

Dream

Posséder un journal à portée de main équivaut à avoir un ami précieux qui vous aide à vous découvrir, à comprendre vos objectifs et à trouver le chemin pour les atteindre.

Exprimez os rê es !

♈

ARIES

"Je suis très fière d'être une femme, et je veux que toutes les femmes autour de moi se sentent aussi fortes et puissantes."

Lady Gaga

"La beauté est de voir et d'être vu. C'est ressentir votre propre pouvoir." - Sarah Jessica Parker

"Je suis d'accord avec tout ce que j'ai dit. Mais mes employés n'en sont pas si sûrs." – Marilyn Monroe

"Personne ne peut vous faire sentir inférieur sans votre consentement." - Eleanor Roosevelt

"La voix est un instrument, et je m'assure de suivre ce que j'aime. Je suis toujours en quête d'authenticité." – Céline Dion

"Je ne peux pas changer le passé, mais je peux changer ce que je fais aujourd'hui et comment je vis ma vie."

Kourtney Kardashian

"J'ai toujours cru que les rêves se réalisent si vous avez le courage de les poursuivre." – Sarah Jessica Parker

" Si vous voulez parler des droits des femmes, vous devez d'abord parler de la façon dont nous éduquons les femmes."

Emma Watson

"L'authenticité, c'est risquer de paraître gauche ou imparfait. Mais c'est ainsi que l'on se rapproche de la vérité." – Zazie

"Je suis une chanteuse, une artiste, mais je suis aussi une femme, et être une femme me rend fière." - Aretha Franklin

"J'aime faire des choses qui m'étonnent. La clé est de se retrouver en dehors des attentes des autres."

Kristen Stewart

"Je crois que la véritable force réside dans la capacité à être vulnérable et à se montrer authentique." – Jennifer Garner

"Il est toujours important d'être fidèle à soi-même."
Keira Knightley

"Il n'y a pas de limites à ce que nous pouvons accomplir."
Adrien Brody

"Le bonheur est un état d'esprit. Si vous pouvez le voir, vous pouvez l'atteindre." – Pharrell Williams

"Le temps, c'est un espace qui passe, mais ne comptez pas sur le passé." - Fanny Ardant

"Je ne me suis jamais senti à ma place dans le système, je préfère faire ce que je veux." – Guillaume Canet

À propos de l'auteur

Après avoir enseigné l'Hypnose médicale et la Programmation-Neuro-Linguistique, j'ai choisi de me consacrer à ma seconde passion : l'Astrologie.

Pour moi, le thème natal est comme un mode d'emploi, révélant notre manière de fonctionner.

En examinant le thème astral, je dévoile à chacun les défis à relever ainsi que leurs forces naturelles.

Suite à une consultation astrologique, nous pouvons travailler sur les défis en intégrant l'hypnose.

Ma pratique se déroule entièrement en ligne, offrant une qualité de contact humain équivalente.

N'hésitez pas à découvrir par vous-même !

Mon Carnet Astro

Avoir votre carnet Astro Bélier à portée de main, c'est comme avoir un ami précieux qui vous guide pour vous permettre de vous découvrir, comprendre vos objectifs et trouver le chemin pour les atteindre.

Site Web :
noemie-kleiber.com
Insatgram :
@noemie_kleiber_therapie
Facebook :
facebook.com/lachainedevperso
Mail :
contact@noemie-kleiber.com

Noémie Kleiber
UN VOYAGE VERS SOI

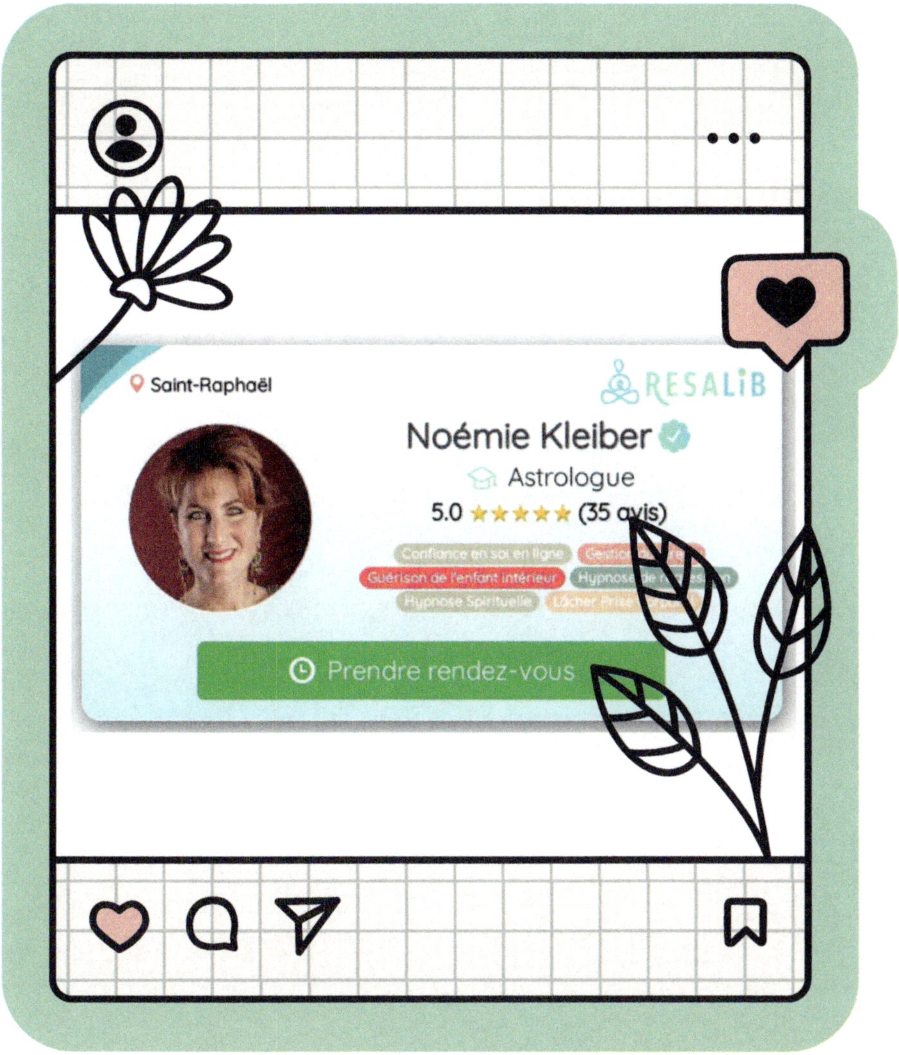
Saint-Raphaël
RESALIB
Noémie Kleiber
Astrologue
5.0 ★★★★★ (35 avis)
Confiance en soi en ligne
Guérison de l'enfant intérieur
Hypnose Spirituelle
Prendre rendez-vous

Dans la même collection

Mon carnet Astro : le Bélier
de Noémie KLEIBER

Mon carnet Astro : la Balance
de Noémie KLEIBER

Mon carnet astro : le Scorpion
de Noémie KLEIBER

Mon petit carnet Astro : la Vierge
de Noémie Kleiber

Noémie Kleiber
UN VOYAGE VERS SOI

Printed by Amazon Italia Logistica S.r.l.
Torrazza Piemonte (TO), Italy

65788790R10057